Einsterns Schwester 2

Arbeitsheft 4
Lesen

Herausgegeben von
Roland Bauer
Jutta Maurach

Erarbeitet von
Susanne Semelka

Cornelsen

Inhaltsverzeichnis

So kannst du mit den Heften arbeiten

Du machst alle
Seiten der Lernportion 1.

Zuerst im grünen Heft.	Dann im roten Heft.	Dann im gelben Heft.	Und dann im blauen Heft.

Danach machst du in
allen Heften die Lernportion 2.

Nun machst du in
allen Heften die Lernportion 3.

Genauso bearbeitest du
alle anderen Lernportionen.

Sätze mit Bildern verbinden

1 Verbinde jeden Satz mit dem passenden Bild.

Lieblingsleseplätze

Fabian liest gerne auf dem Sofa.

Jörg liest gerne unter der Bettdecke.

Lola liest gerne im Liegestuhl.

Lena liest gerne am Küchentisch.

Tom liest gerne auf dem Klo.

1 Zu Bildern passende Sätze auswählen

1 Verbinde das Bild mit dem passenden Satz.

- Die Katze frisst Fleisch.
- Die Katze frisst Fisch.

- Die Spinne spinnt ein Netz.
- Die Spinne sitzt im Nest.

- Der Vogel hüpft von Mast zu Mast.
- Der Vogel hüpft von Ast zu Ast.

- Der Hase sitzt auf der Wiese.
- Der Hase flitzt über die Wiese.

- Der Käfer knabbert an einem Blatt.
- Der Käfer krabbelt auf einem Blatt.

- Der Elefant hebt seinen Rüssel.
- Der Elefant trinkt aus der Schüssel.

1 Kleine Bilder zu Sätzen ergänzen

1 Lies die Sätze. Male die Bilder fertig.

Steffi spielt mit ihrem Ball.
Der Ball ist rot und schwarz.
Er fliegt durch die Luft.

Tim sitzt am Tisch.
Vor ihm steht ein Teller
mit Spinat und einem Spiegelei.

Lilli und Silvia sind Zwillinge.
Beide tragen eine grüne Brille
und eine lange rote Kette.

Der Mann hat in der Hand
eine gelbe Blume.
Er trägt einen schwarzen Hut.

1 Ein großes Bild nach Satzaussagen ergänzen

1 Lies jeden Satz und ergänze das Bild passend.

Der Zauberer hat einen schwarzen Zylinder in der Hand.

Ein großer roter Kasten steht auf seinem Zaubertisch.

Aus dem Zylinder schaut ein brauner Hase heraus.

Die Seiltänzerin trägt ein gelbes Kleid mit schwarzem Gürtel.

Ihre Lippen sind rot und sie trägt eine schwarze Kette.

Der Clown steht neben einem grünen Stuhl.

Darauf liegt sein gelber Hut mit einer schönen roten Blume.

1 Ein großes Bild nach Satzaussagen zeichnen

1 Lies jeden Satz und ergänze das Bild passend.

In der Mitte des Bildes steht Opas kleines Gartenhaus.

Opa schaut aus dem Fenster.

In der Hand hält er sein großes Taschentuch.

Rechts neben dem Haus steht ein schöner Baum.

In seinen Ästen sitzt ein kleiner Vogel.

Die Blumen in Opas Garten blühen in vielen bunten Farben.

Eine große gelbe Sonnenblume ist auch dabei.

Die Sonne scheint.

Am Himmel sind Wolken zu sehen.

Drei Schmetterlinge tanzen in der Luft.

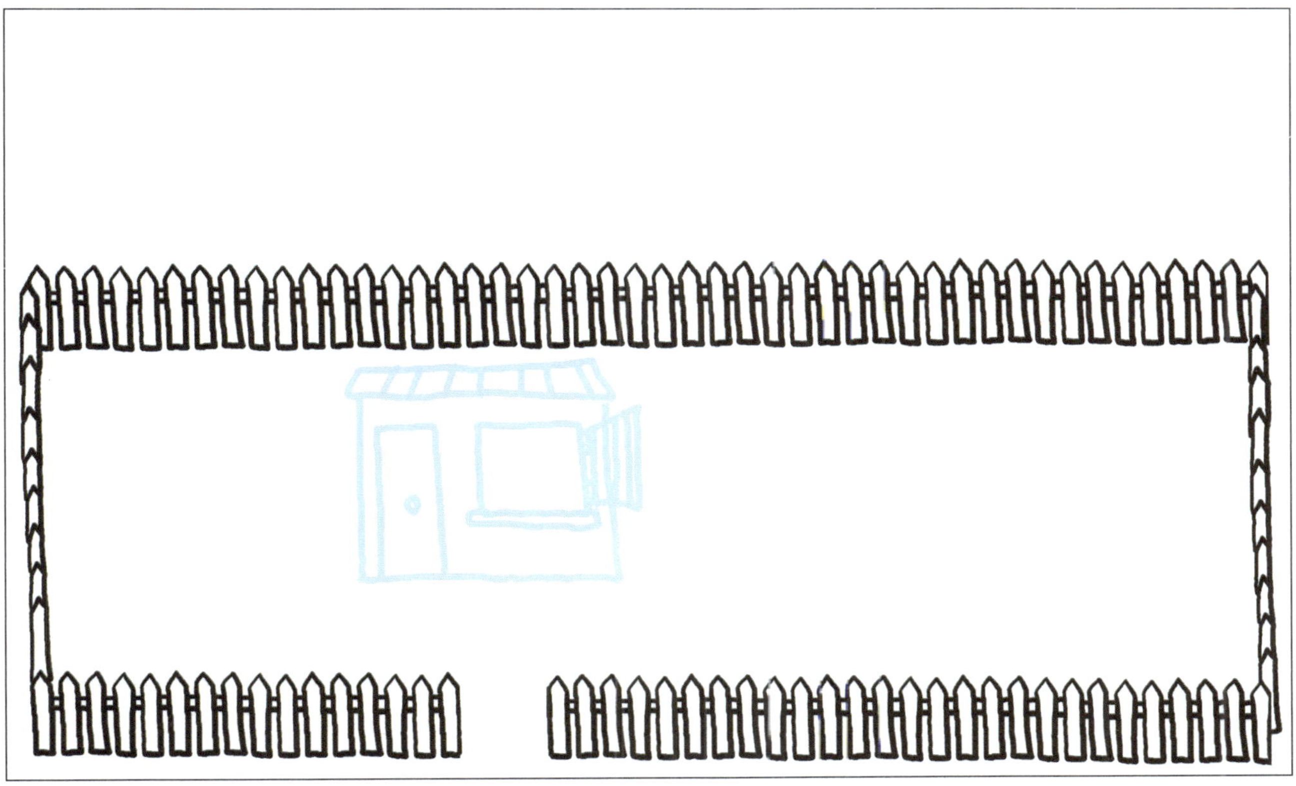

1 Wortpyramiden lesen

1 Unterstreiche in den Wortpyramiden die gleichen Wörter immer mit derselben Farbe.

Garten
Gartenzaun
Gartenzauntür
Gartenzauntürschloss

Wal
Walnuss
Walnussbaum
Walnussbaumstamm

Wein
Weinberg
Weinbergschnecken
Weinbergschneckenhaus

Hecken
Heckenrosen
Heckenrosenblüten
Heckenrosenblütenblatt

Buch
Buchfink
Buchfinkschnabel
Buchfinkschnabelspitze

1 Satzpyramiden lesen

1 Unterstreiche in jeder Zeile, was neu dazukommt.

Nina und Karl

Nina und Karl rennen.

Nina und Karl rennen im Garten.

Nina und Karl rennen im Garten um die Wette.

Nina

Nina läuft.

Nina läuft immer schneller.

Nina läuft immer schneller und überholt Karl.

Karl

Karl stolpert.

Karl stolpert über einen Stein.

Karl stolpert über einen Stein und fällt hin.

Papa

Papa kommt.

Papa kommt und tröstet ihn.

Papa kommt und tröstet ihn mit einem Kuss.

Mama

Mama klebt.

Mama klebt ein Pflaster.

Mama klebt ein Pflaster auf Karls Knie.

2 Ein Fernsehprogramm lesen

1 Lies das Fernsehprogramm.
Kreuze richtig an.

Kinderkanal

11.00	Drei Nüsse für Aschenbrödel	16.35	Tabaluga
12.30	Stark!	17.00	TV-Helden
12.45	Pinocchio	18.30	Heidi
14.00	Löwenzahn	18.55	Sandmännchen
14.25	National Geo.	19.05	Wickie
14.50	Hexe Lilli	19.50	Logo!
15.55	Logo!	20.00	Meine peinlichen Eltern
16.05	Aktion Schulstreich	20.25	Kummerkasten

	stimmt	stimmt nicht
Heidi kommt vor dem Sandmännchen.	X	○
Das Kinderprogramm beginnt um 11.15 Uhr.	○	○
Logo! kommt nur einmal.	○	○
Pinocchio ist die dritte Sendung.	○	○
Heute kommt der Film „Braunbär Billi“.	○	○
Um 17.00 Uhr fängt Tabaluga an.	○	○
Nach 18 Uhr beginnen noch sechs Sendungen.	○	○
Die letzte Sendung ist Kummerkasten.	○	○

2 Eine Wetterkarte lesen

1 Sieh dir die Wetterkarte genau an.
Lies die Sätze. Kreuze richtig an.

Das Wetter in Deutschland am 3. April

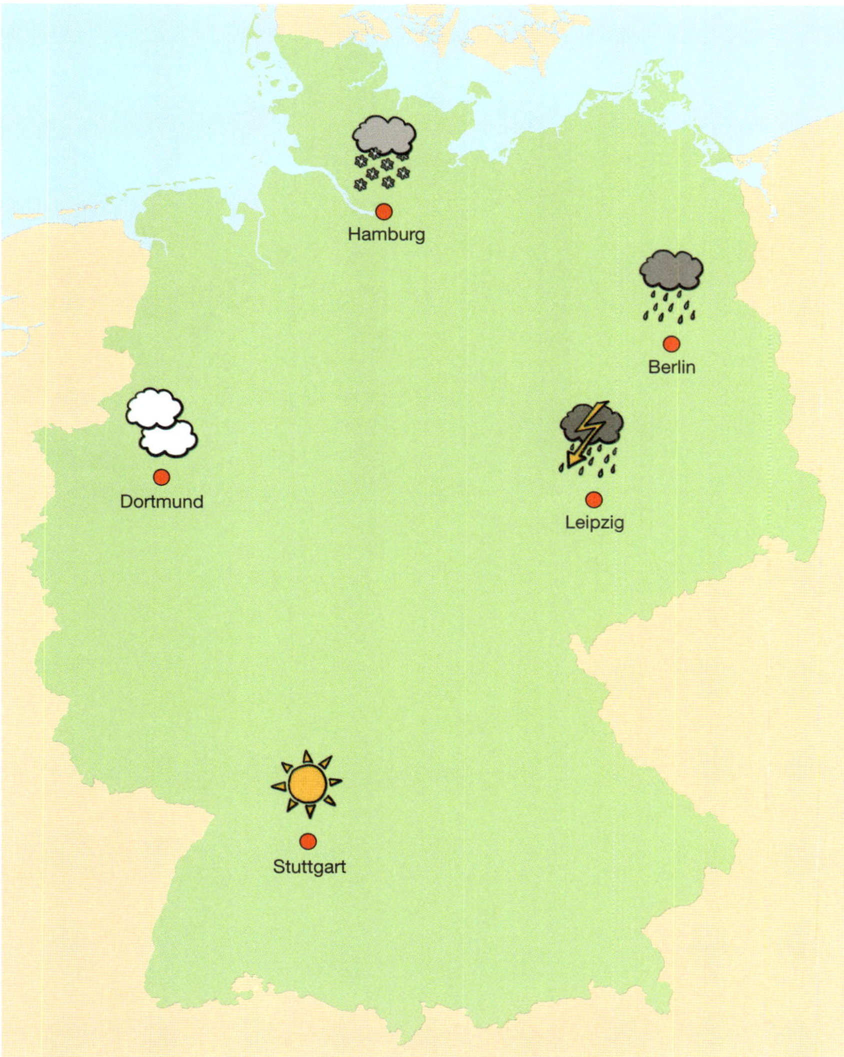

= Sonne

= Regen

= Wolken

= Schnee

= Gewitter

	stimmt	stimmt nicht
In Berlin regnet es.	○	○
In Hamburg schneit es.	○	○
In Dortmund scheint die Sonne.	○	○
In Leipzig gibt es ein Gewitter.	○	○
In Stuttgart sind Wolken am Himmel.	○	○

2 Ein Schaubild lesen

1 Suche im Schaubild die Antworten zu den Fragen.

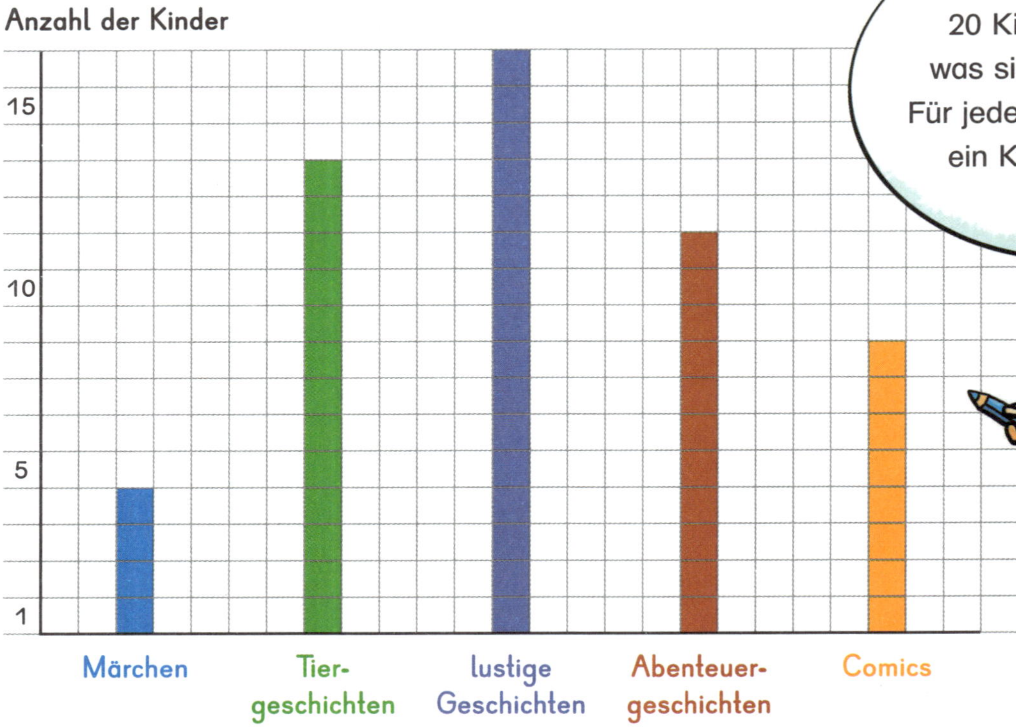

Wie viele Kinder
lesen gerne Märchen?

Vier.

Welche Bücher
sind am wenigsten beliebt?

Wie viele Kinder
mögen Abenteuergeschichten?

Gibt es Bücher,
die gleich gerne gelesen werden?

Welche Bücher
mögen die meisten Kinder?

Welche Bücher
liest du am liebsten?

2 Einen Stundenplan lesen

1 Lies den Stundenplan von Maria.
Schreibe kurze Antworten zu den Fragen.

	Montag	Dienstag	Mittwoch	Donnerstag	Freitag
1. Stunde	Musik	Mathe	Deutsch	Religion	Religion
2. Stunde	Deutsch	Kunst	Mathe	Deutsch	Mathe
3. Stunde	Mathe	Sport	Sport	Musik	Deutsch
4. Stunde	Sachkunde	Deutsch	Kunst	Mathe	Sachkunde
5. Stunde	Sachkunde				

An welchen Tagen hat Maria Musik?

Am Montag und am Donnerstag.

Wie viele Stunden Sport hat Maria in der Woche?

An wie vielen Tagen hat Maria vier Stunden?

Hat Maria jeden Tag Mathe?

2 Begriffe zu Zeichen ordnen

1 Ordne jedem Zeichen den passenden Begriff zu.

~~Flughafen~~ | Baustelle | Behinderte | Restaurant | Aufzug | Telefon

Fluchtweg | Mülleimer | Spielplatz | Fußgänger | Stau | Toilette

Flughafen

2 Begriffe zu Zeichen schreiben

1. Was bedeuten diese Zeichen?
Schreibe unter die Bilder die passenden Wörter.

keine Inliner

2. Erfinde selbst ein Zeichen.
Schreibe daneben, was es bedeutet.

3 Sätze Bildern zuordnen

1 Schreibe zu jedem Bild den passenden Satz.

Heulen die Wölfe nachts im Chor,
schießt du sicher bald ein Tor.

Kommt ein Pinguin zu Besuch,
schreibt er in dein Gästebuch.

Kräht der Hahn um drei vor sieben,
wirst du dich schon bald verlieben.

Gerda Anger-Schmidt

3 Texte Bildern zuordnen

1 Ordne Texte und Bilder passend zu.
Trage vor den Texten die passenden Zahlen ein.

☐ Jetzt sind Nisse und Mama am Meer.
„Gerade richtig, diese Wellen“, sagt Nisse.
„Ich finde, heute sollten wir
ein bisschen schwimmen üben“, sagt Mama.
Am Strand sind furchtbar viele Menschen,
findet Nisse.

☐ Plötzlich kommen große Regentropfen!
So ein Pech!
„Ich gehe jedenfalls baden“, sagt Mama.
Nisse friert, aber er will wissen,
wie sich das Wasser anfühlt.

Olof und Lena Landström

3 Den passenden Text zu einem Bild auswählen

1 Welcher Text passt zu dem Bild?
Trage die richtige Zahl in das Kästchen ein.

1 Hannes klingelt Sturm.
Er muss Mama dringend etwas erzählen.
Etwas ganz Tolles. Etwas Einmaliges!
Ein Zirkus kommt!

2 Hannes hat drei Plakate gesehen.
Ein richtiger Zirkus war noch nie hier!
Mama öffnet die Tür. „Pssst! Anna-Sofie schläft!
Was machst du denn für einen Lärm?“

3 Mamas Stimme klingt so ärgerlich,
dass Hannes schnell eine Ausrede erfindet.
„Ich muss mal“, sagt er und verschwindet im Bad.
Dort schließt er ab und setzt sich auf den Klodeckel.

Anne Steinwart

3 Stolperwörter in Sätzen finden

1 In jedem Satz findest du ein Wort, das nicht passt.
Streiche dieses Stolperwort durch.

Autos haben ~~Himmel~~ vier Räder.

Wir Elefant fahren in einem Bus zur Schule.

Ein Flugzeug kann auch über den Wolken Huhn fliegen.

Ein ICE hat an beiden Enden eine Lokomotive Schnecke.

Wenn es dunkel ist Hase, müssen am Fahrrad das Vorderlicht und das Rücklicht an sein.

Motorradfahrer müssen Kuh einen Helm tragen.

Der Chef auf einem Schiff Baum heißt Kapitän.

Ein Uhr Hubschrauber kann in der Luft stehen.

3 Stolperwörter in Absätzen finden

1. In jedem Absatz findest du ein Wort, das nicht passt.
Streiche dieses Stolperwort durch.

In Sport haben wir tolle Kletterstationen aufgebaut.
Wir durften wie Tarzan von Kasten zu Kasten schwingen
oder die langen Seile hochklettern.
Dann haben wir uns an die Ringe Nadeln gehängt

und Zirkus gespielt. Das war toll!

Heute hat uns unser Lehrer
eine lustige Geschichte vorgelesen.
Danach durften wir ein Bild dazu malen.
Jetzt Ofen hängen alle Bilder in unserem Klassenraum.
Wir müssen oft lachen, wenn wir sie sehen.

In Musik haben wir ein neues Lied gelernt.
Wir haben passende Bewegungen dazu gemacht.
So konnten wir uns den Text besser merken.
Außerdem hat es Düsenflieger so
auch viel mehr Spaß gemacht.

In Deutsch haben wir ein Schleichdiktat geschrieben.
Dabei läuft man leise zum Diktattext Auto.
An seinem Platz schreibt man
den Satz auswendig auf.

3 Stolperwörter in einem Text finden

1 Im Text sind zehn Stolperwörter versteckt. Finde sie und streiche sie durch.

Die Schatztruhe

Am 12. September ist Apfel es endlich so weit! Seit drei Wochen zählt Ute jeden Tag. Heute wird sie acht Jahre alt. Sie hat Gans ihr schönstes Kleid angezogen.

Am Nachmittag wollen alle ihre Freunde Affen kommen. Insgesamt acht Kinder durfte sie einladen. Für jedes Klebestift Jahr ein Kind. Simon, Dennis und Eva kommen Rakete zu Fuß. Dani, Frieder und Evi werden von ihrer Schule Mama gebracht. Sandra und Lissi kommen mit dem Rad.

Als alle da sind, darf Ute ihre Geschenke auspacken. Dann essen sie Bücher Kuchen und trinken Kakao. Als Überraschung veranstalten sie Fee eine Schatzsuche.

In Gruppen machen sie sich auf den Weg. Jeder will den Schatz als Erstes finden. Utes Papa hat ihn gut Blume versteckt. In einem ausgehöhlten Baumstamm findet Frieder eine kleine goldene Kiste. Voller Igel Spannung öffnet er sie.

3 Zwei Texte vergleichen

1 Lies die beiden Texte und vergleiche sie.
Im zweiten Text sind sechs Wörter anders. Unterstreiche sie.

Der berühmte Detektiv Knopfnase sitzt in seinem Lehnstuhl und trinkt Kaffee.

Er denkt nach. Sein neuer Fall bereitet ihm Kopfzerbrechen. „Schnuffel, kannst du das verstehen?“, fragt Knopfnase seinen kleinen Hund.

„Der Mann hat um 15.00 Uhr sein Haus verlassen. Er trug eine rote Jacke und eine graue Hose. Dann nahm er den Bus und fuhr bis zum Marktplatz.

„Ahhh, ja!! Jetzt fällt mir was ein! Schnell, Schnuffel, wir müssen einen Fall lösen!“

Der berühmte Detektiv Knopfnase sitzt in seinem Lehnstuhl und trinkt Tee.

Er denkt nach. Sein neuer Fall bereitet ihm Kopfschmerzen. „Schnuffel, kannst du das verstehen?“, fragt Knopfnase seinen treuen Hund.

„Der Mann hat um 15.00 Uhr sein Büro verlassen. Er trug eine rote Jacke und eine braune Hose. Dann nahm er den Bus und fuhr bis zum Münzplatz.

„Ahhh, ja!! Jetzt fällt mir was ein! Schnell, Schnuffel, wir müssen einen Fall lösen!“

3 Zwei Texte entwirren

1 Nimm ein Lineal.
Unterstreiche die Sätze, die zum Sommer gehören, gelb.
Unterstreiche die Sätze, die zum Winter gehören, blau.

Alle freuen sich, wenn der Sommer endlich wieder da ist.

Der Winter ist am schönsten, wenn es so richtig geschneit hat.

Die Sonne scheint und wir können kurze Hosen und Röcke anziehen.

Wenn es kalt genug ist, kann der Schnee auch liegen bleiben.

Dann können wir einen Schneemann bauen und Schlitten fahren.

Eine Schneeballschlacht mit Freunden macht auch riesigen Spaß.

Wenn es heiß genug ist, gehen wir ins Freibad schwimmen.

Am Wochenende gehen unsere Eltern mit uns draußen zelten.

Manche fahren gerne auf dem zugefrorenen See Schlittschuh.

Aber dazu muss es lange kalt sein, damit das Eis nicht bricht.

Heft 4, Seite 25
Was ich im Sommer gerne mache …

3 Überschriften Absätzen zuordnen

1. Hier siehst du drei Überschriften.
   Finde für jeden Absatz die passende Überschrift.
   Trage sie ein.

Tierkinder	Futter	Pflege

Alles, was für den Hund wichtig ist, ist im Fertigfutter enthalten.
Außerdem braucht der Hund immer genug frisches Wasser.
Nach dem Fressen braucht der Hund seine Ruhe.

Wichtig ist, dass du deinen Hund regelmäßig bürstest.
Kontrolliere auch immer wieder seine Ohren.
Die Krallen nutzen sich von alleine ab.
Wenn dein Hund sehr schmutzig ist oder stinkt,
solltest du ihn baden.

Die jungen Hunde heißen Welpen.
Die ersten vier Wochen werden sie von ihrer Mutter gesäugt.
Sie brauchen viel Wärme. An einen neuen Besitzer
sollten sie frühestens nach zwei Monaten gegeben werden.

3 Die Überschrift für eine Geschichte auswählen

1 Lies die Geschichte. Finde die Überschrift, die am besten passt. Trage sie ein.

Die große Hitze | Treffpunkt Taschengeld | Meine liebe Oma

Julius, Anne und Dominik sind dicke Freunde. Sie sitzen in ihrem Baumhaus.

„Kaufen wir uns nachher noch ein Eis?“, fragt Dominik in die Runde. Er liebt das Zitroneneis aus der kleinen Eisdiele. Aber Anne wehrt ab: „Ich habe kein Geld mehr.“ „Bei mir sieht es auch ziemlich düster aus“, gesteht Julius.

Dominik gibt zu: „Ich habe etwas von meiner Oma bekommen, sonst wäre ich auch schon abgebrannt.“ Alle sind sich einig: Die Zeit bis zum Taschengeldtag zieht sich immer wie Kaugummi. „Wie soll das nur weitergehen, wenn man sich nicht mal bei dieser Hitze ein Eis kaufen kann?“, jammert Julius. Anne pflichtet ihm bei: „Das bisschen Taschengeld reicht wirklich hinten und vorne nicht.“

„Und meine Oma kommt auch nicht alle Tage“, klagt Dominik. Anne hat eine Idee: „Alles Jammern und Klagen hilft uns nicht weiter. Statt herumzusitzen, sollten wir lieber etwas Geld verdienen.“

Gerit Kopietz

Heft 4, Seite 27
Das möchte ich von meinem Taschengeld kaufen …

4 Richtige Aussagen zu einem Sachtext erkennen

1 Lies den Text. Kreuze richtig an.

Obst

Essbare Früchte und Samen nennt man Obst. Es gibt unterschiedliche Obstsorten:

Steinobst ist außen saftig und hat innen einen Kern. Zum Steinobst gehören Pflaumen und Kirschen.

Kernobst hat fünf Kammern mit kleinen Kernen. Äpfel und Birnen sind Kernobst.

Schalenobst hat eine harte Schale, die nicht essbar ist. Zum Schalenobst gehören Haselnüsse, Walnüsse und Mandeln.

Beerenobst ist weich, klein und rundlich, wie zum Beispiel die Himbeeren oder die Weintrauben.

	stimmt	stimmt nicht
Obst ist das Wort für essbare Früchte und Samen.	○	○
Kirschen sind Steinobst.	○	○
Kernobst hat eine Kammer mit kleinen Kernen.	○	○
Die Schale von Schalenobst ist weich.	○	○
Walnüsse haben eine essbare Schale.	○	○
Weintrauben sind Beerenobst.	○	○

4 Richtige Aussagen zu einer Geschichte erkennen

1 Lies die Geschichte. Kreuze richtig an.

Der Geist vom Gutshof

„Was – Angst?“, lacht Silvia. „Ich doch nicht!“ Jungs und mutiger? Von wegen. „Mädchen haben nämlich immer Schiss“, sagt Lukas und grinst gemein.

„Wenn du keine Angst hast“, sagt Ronny, „gehst du in den verlassenen Gutshof. Und zwar nachts.“ „Da spukt's“, sagt Lukas mit düsterer Stimme. Silvia guckt sich das alte Haus auf dem Hügel an. Die vielen Fenster blinken freundlich in der Sonne. „Ihr lügt!“

Lukas rollt mit den Augen. „Es muss der Baron sein. Der hat da gehaust. Dann ist er gestorben. Die Türen sind zugesperrt. Aber wir wissen, wo ein kaputtes Fenster ist.“ „Seid ihr schon reingestiegen?“, fragt Silvia. „Na, klar“, sagt Lukas. „Nachts?“ „Logisch nachts“, sagt Ronny. „Am Tag …“ „… ist es höchstens was für Mädchen“, ergänzt Lukas. Jetzt reicht es Silvia. Sie faucht: „Ihr seid ja so blöd!“

Irma Krauß

	stimmt	stimmt nicht
Silvia denkt: Jungen sind mutiger als Mädchen.	○	○
Das alte Haus steht im Tal.	○	○
Im Gutshof wohnte früher der Baron.	○	○
In dem Gutshof sind die Türen offen.	○	○
Ronny und Lukas kennen das kaputte Fenster.	○	○
Silvia findet die Jungen blöd.	○	○

4 Ein Fantasiewort erraten

1 Finde heraus, welches Wort gesucht wird.
Trage deine Lösung unten ein.

Viele Kinder mögen den Simsung. Manche haben sogar ihren eigenen Simsung im Kinderzimmer. Oft besitzen Familien sogar mehrere Simsungs. Man kann alleine mit einem Simsung spielen oder auch mit seinen Freunden.

Sogar in vielen Schulen gibt es Simsungs. Wer zu Hause keinen Simsung hat, kann in der Schule herausfinden, wie man mit einem Simsung umgeht. Auch viele Erwachsene benutzen Simsungs. Oft arbeiten sie sogar damit. Der Simsung wird von vielen Kindern nicht nur zum Spielen, sondern auch zum Lernen benutzt. Jeder Simsung hat eine Tastatur und eine Maus.

Es gibt sogar Simsungs, die kann man überallhin mitnehmen. Andere sind zu groß und schwer, die stehen dann fest auf einem Tisch.

Ein Simsung ist ein

____________________.

4 Ein Leserätsel lösen

1 Lies die Sätze.
Fülle die Tabelle aus.

Tina spielt seit einem Jahr Basketball.

Jan spielt nicht Tennis.

Andi hat sein Hobby seit zwei Jahren.

Das Kind in der Mitte spielt seit drei Jahren Fußball.

Jedes Kind hat ein anderes Hobby.

Hobby			
Name			Tina
Wie viele Jahre?			

Welches Hobby hat Andi?

4 Einfache Fragen zu einem Text beantworten

1 Lies den Text. Schreibe zu jeder Frage eine kurze Antwort auf.

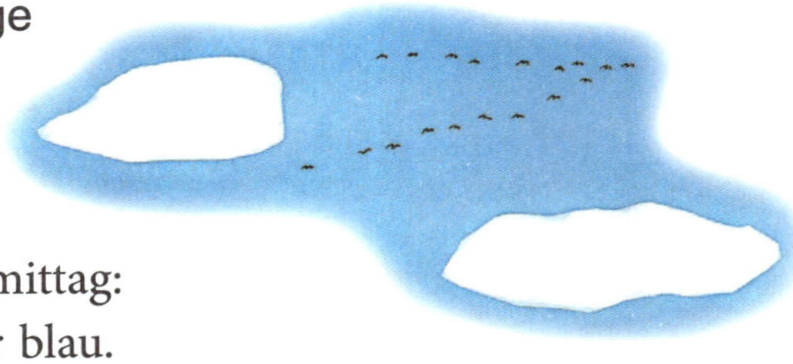

Furchtbar-dolle-stinke-langweilig

Es war einmal ein wunderschöner Vormittag:
Die Sonne schien und der Himmel war blau.
Gelegentlich zog ein weißes Wattewölkchen vorüber.
Die Vögel sangen Lieder,
die Luft roch – hmmm – nach Wiesenkräutern.
Hase Nulli und sein bester Freund, Frosch Priesemut,
lagen faul in der Sonne.
Na ja, so ganz stimmte das nicht,
denn Nulli las ein Buch. Und Priesemut?
Dem war langweilig, genauer gesagt:
furchtbar-dolle-stinke-langweilig.
Und das ist ja wohl
die langweiligste Langeweile,
die man haben kann, oder?

Aber dann machten sich Nulli und Priesemut auf den Weg, die goldenen Möhren zu finden. Als sie dabei eine alte Truhe öffneten, wurde dies der Beginn eines aufregenden Abenteuers.

Matthias Sodtke

Wie war der Himmel? Blau.

Wer war Hase Nullis bester Freund? ______

Nach was roch die Luft? ______

Was tat Nulli? ______

Was wollen die Freunde finden? ______

4 Schwierige Fragen zu einem Text beantworten

1 Lies den Text.
Schreibe zu jeder Frage eine kurze Antwort auf.

Chaoten-Katja

Katja soll ihr Zimmer aufräumen. Ihr erster Blick fällt auf Carlo, ihren ältesten und größten Teddybären. In letzter Zeit hat sie ihn ein bisschen vernachlässigt. Er sieht traurig aus, findet sie. Und schmutzig ist er auch.

Katja läuft ins Badezimmer. Im Waschbecken bereitet sie ein Bärenbad. Sie setzt Carlo hinein und schrubbt ihn gründlich! Dass Wasser und Schaum überschwappen, ist Carlos Schuld. Er ist einfach zu groß für das Becken.

Danach muss Carlo trocken gerubbelt werden. Doch das ist nicht so einfach. Als Katja alle Handtücher verbraucht hat, ist er immer noch patschnass. Egal, wozu gibt es einen Föhn? Föhn, Kamm und Bürste. Nichts sieht unordentlicher aus als ein strubbeliger Bär!

Katharina Kühl

Warum will Katja Carlo waschen? Carlo ______________________

Hat das Becken die richtige Größe für Carlo? ______________________

Katja trocknet Carlos Fell mit Handtüchern und ______________________

Ist Katjas Zimmer nun aufgeräumt? ______________________

Wörter in einen Lückentext einsetzen

1 Setze in die Lücken die passenden Wörter ein.

Auf dem Bolzplatz

| Fußballtoren | ~~Wochen~~ | Schule |

Seit vier __Wochen__ gibt es in Benzhart einen prima Bolzplatz

für Kinder. Mit richtigen ______________.

Er wurde gleich neben der ____________ gebaut.

| besten | Martin | hier |

Jeden Nachmittag treffen sich ________

die kleinen Fußballer des Viertels.

Mit dabei sind meistens Flori, ____________, Önal und Hakan,

die vier ____________ Fußballer der ganzen Schule.

| ungerecht | immer | spielen | Angst |

„Hakan und ich ____________ zusammen“, sagt Önal.

„Ihr wollt ____________ zusammenspielen“, meckert Flori.

„Das ist ______________.“

„Ihr habt ja nur ____________, dass ihr verliert“, sagt Önal.

Manfred Mai

4 Wörter für einen Lückentext finden

1 Lies den Text.
Setze die passenden Wörter ein.

Im Zoo

Lisa und Anne machen einen Ausflug in den Zoo. Als Erstes wollen die beiden Mädchen gleich zu den E______________. Die sehen mit ihrem langen Rüssel so lustig aus. Gerade nehmen sie ein Bad und spritzen wild um sich.

Da hören Lisa und Anne, wie ein ______________ brüllt. Mit seiner großen Mähne wirkt er sehr majestätisch.

Nun gehen sie zu den ______________, die gerade Bananen fressen. Sie schwingen sich von Ast zu Ast. „Sind die niedlich!“, ruft Anne.

Jetzt kommt ein ______________ an ihnen vorbei, das von einem Mann an einem Seil geführt wird. Am liebsten würde Lisa zwischen seinen Höckern sitzen und eine Runde reiten.

Da ruft plötzlich ein kleines Kind: „Guck mal, Mama! Ein Pferd mit schwarz-weißen Streifen!“ „Das ist doch ein ______________!“, antwortet die Mutter. Lisa und Anne müssen lachen.

5 Witze vorlesen

1. Lies die Witze. Suche dir einen Witz aus.
Übe ihn mehrmals und lies ihn jemandem vor.

Die Mutter bringt ihre Zwillinge
Max und Moritz ins Bett.
Der kleine Max lacht und lacht.
„Was lachst du denn so?“,
fragt die Mutter. Antwortet Max:
„Mama, du hast Moritz zweimal
gebadet und mich gar nicht!“

Kommt ein Frosch in den
Laden. Fragt der Verkäufer:
„Was darf es denn sein?“
Sagt der Frosch: „Quark.“

„Christian, du hast dieselben Fehler
im Diktat wie dein Tischnachbar.
Wie erklärt sich das wohl?“
„Ganz einfach.
Wir haben denselben Lehrer!“

Klein Herbert fragt:
„Was ist Wind?“
Sagt der Vater:
„Das ist Luft,
die es eilig hat!“

Bei einem Zoobesuch
sagt die besorgte Mutter
zu ihrer kleinen Tochter:
„Geh sofort von dem Löwen weg!“
Meint die Kleine treuherzig:
„Wieso Mama, ich tu ihm
doch gar nichts!“

5 Zungenbrecher sprechen

1 Lies die Zungenbrecher laut.
Versuche, sie immer schneller ohne Fehler zu lesen.

Lila Flanell-Läppchen.

Zehn Ziegen zogen zehn Zentner Zucker zügig zum Zoo.

Hexen hacken häufig heftig Holz.
Heftig Holz hacken häufig Hexen.

Es klapperten die Klapperschlangen,
bis ihre Klappen schlapper klangen.

Fischers Fritze fischte frische Fische.
Frische Fische fischte Fischers Fritze.

Blaukraut bleibt Blaukraut
und Brautkleid bleibt Brautkleid.

Auf dem Rasen
rasen Hasen,
atmen rasselnd
durch die Nasen.

Klitzekleine Kinder können
keinen Kirschkern knacken.
Keinen Kirschkern können
klitzekleine Kinder knacken.

1 Lies das Märchen. Male dazu.

Die Sterntaler

Es war einmal ein kleines Mädchen,
das war ganz allein auf der Welt.
Es war so arm,
dass es kein Zimmer mehr hatte
zum Wohnen
und kein Bett mehr
zum Schlafen.
Es hatte nichts mehr,
nur die Kleider,
die es noch anhatte,
und ein kleines Stück Brot.

Weil es niemanden mehr hatte,
ging es allein hinaus aufs Feld.
Dort traf es einen alten, armen Mann,
der sprach: „Ich habe Hunger."
Das Mädchen gab ihm
das Stückchen Brot
und sprach: „Gott segne es dir",
und ging weiter.

Da kam ein Kind, das sagte:
„Es friert mich so an meinem Kopf.
Schenke mir etwas,
womit ich ihn bedecken kann."
Das Mädchen gab ihm seine Mütze.

Als es noch ein Stück gegangen war,
kam noch ein Kind,
das hatte fast nichts an und fror.
So gab es ihm sein Kleidchen
und ging weiter.

Das Mädchen kam an einen Wald.
Schon war es dunkel geworden.
Da kam noch ein Kind
und bat um sein Hemdchen.
„Es ist dunkel“, sprach das Mädchen,
„da sieht dich keiner mehr.“
So gab es auch noch
sein letztes Hemd weg.

Und wie es so da stand
und nun so gar nichts mehr hatte,
fielen auf einmal
die Sterne vom Himmel
und es waren lauter Goldstücke.
Obwohl es sein Hemdchen
weggegeben hatte,
so hatte es nun
ein ganz feines, neues an.
Darin sammelte es alle Goldstücke
und war reich bis an sein Lebensende.

Jacob und Wilhelm Grimm

5 Unterschiedliche Texte benennen

1 Lies die unterschiedlichen Texte.
Schreibe über jeden Text die passende Bezeichnung.

Rezept | Lexikoneintrag | Bastelanleitung | ~~Märchen~~ | Gedicht

Märchen

In einem Teil des Meeres
lebten vor langer Zeit zwei Fische.
Davon hatte der eine
einen langen, goldenen Bart.
Die beiden Fische waren
gute Freunde. Eines Tages …

Zeichne mit Hilfe der Schablone
den Fisch auf gelbes Tonpapier.
Schneide Augen aus
und klebe sie auf.

Nimm die Fischstäbchen
aus der Packung.
Erhitze Öl in einer Pfanne.
Lege die Fischstäbchen
vorsichtig hinein und brate sie.

Fische leben im Wasser
und atmen durch Kiemen.
Statt Armen und Beinen
haben die Fische Flossen,
mit deren Hilfe sie schwimmen.

Viele kleine Fische
schwimmen jetzt zu Tische
reichen sich die Flossen
dann wird schnell beschlossen
nicht mehr lang zu blubbern
stattdessen was zu futtern.

5 Textausschnitte Buchtiteln zuordnen

1 Lies die einzelnen Texte. Ordne sie den Büchern zu.
Schreibe an jedes Buch die passende Nummer.

1 Ich sehe mich um und entdecke sie vor dem Höhleneingang.
Sie liegen da, als wären sie vor langer Zeit dort vergessen worden.
„Da sind sie!", rufe ich und zeige auf die Handschuhe.
Opa springt sofort zum Eingang und hebt sie auf.
„Ich hab sie!", ruft er und wir rennen nach draußen.
„Diebe, Diebe!", rufen uns die grünen Männchen hinterher.
Sie verfolgen uns zur Rakete, doch wir sind viel schneller.

2 Die Königin schenkte ihr ein rosa Kleid und silberne Schuhe.
„Nein, ich will schwarze Lederhosen und schwarze Stiefel
und einen silbernen Gürtel!", sagte Lieschen Radieschen.
„Und einen Umhang wie Zorro!"

3 Till geht seit letztem Sommer in die Schule.
Rechnen macht ihm am meisten Spaß. Malen kann er auch ganz gut.
Nur Lesen findet Till manchmal etwas schwierig. Sein Vater sagt:
„Lesen muss man können, sonst kriegt man keinen Beruf."
Till will eigentlich gar keinen Beruf. Er will lieber Ritter werden.

6 Zu einem Gedicht malen

1 Lies das Gedicht und male dazu.
Du kannst für dein Bild die ganze Seite nutzen.

Sterne

Ganz weit in der Ferne
stehen am Himmel die Sterne.
Unendlich viele sind sie,
zählen kann man die nie,
auch wenn sie im Dunkeln
noch so hell funkeln.

Den großen da drüben
hab ich besonders gern.
Der ist mein Lieblingsstern.
Er bringt mir nämlich Glück.
Und winke ich ihm zu,
blinzelt er zurück.

Hans und Monique Hagen

6 Ein Gedicht vorlesen

1 Lies das Gedicht leise.
Versuche nun, es mit der richtigen Betonung laut zu lesen.

Vom Riesen Timpetu

Pst! Ich weiß was. Hört mal zu:
War einst der Riese Timpetu.

flüsternde Stimme

Der arme Bursche hat – o Graus –
im Schlafe nachts verschluckt 'ne Maus.

traurige Stimme

Er lief zum Doktor Isegrimm:

normale Stimme

Ach, Doktor! Mir geht's heute schlimm!
Ich hab im Schlaf 'ne Maus verschluckt,
die sitzt im Leib und kneipt und druckt.

leidende Stimme

Der Doktor war ein kluger Mann,
man sah's ihm an der Brille an.
Er hat ihm in den Hals geguckt.

normale Stimme

Wie? Was? 'ne Maus habt ihr verschluckt?

entsetzte Stimme

Verschluckt 'ne Mietzekatz dazu,
dann lässt die Maus euch gleich in Ruh!

freudige Stimme

Alwin Freudenberg

6 Reimwörter in einem Gedicht finden

1 Lies das Gedicht.
Unterstreiche immer die zwei Wörter, die sich reimen.

Pimpernelle Zwiebelhaut

Kennt ihr schon die Hexenbraut
Pimpernelle Zwiebelhaut?

Rückwärts kriecht sie aus dem Bett,
schrubbt sich ab mit Stiefelfett,

kocht sich Seifenblasentee,
futtert Scheuerlappen mit Gelee,

Zittergras und Fliegenkleckse,
ja, das schmeckt der kleinen Hexe!

Doch das ist schon lange her.
Pimpernelle lebt nicht mehr –

hat Kichererbsenbrei gemacht
und sich beim Kichern totgelacht.

Hans Adolf Halbey

6 Reimwörter in ein Gedicht einsetzen

1 Finde die Tiere. Setze die passenden Tier-Reimwörter ein.

Die Giraffen meiner Nachbarin

Meine Nachbarin Frau Wiegel,
hat im Garten fünfzehn Igel,

eine sieben Meter lange,
wunderschöne glatte ______________,

und aus irgendeinem Grunde
zwei sehr laute dicke ______________.

Dazu hält sie eine Herde
kleiner, aber wilder ______________,

zwei sehr prächtige Giraffen,
einen Käfig voller ______________,

Störche, Gänse, Enten, Möwen
und seit gestern einen ______________.

Morgen Abend solln hier landen,
zwei dressierte ______________.

Fragt mich bitte nicht, wieso?
Sicher wird daraus ein ______________.

Gottfried Herold

6 Ein Rätselgedicht lösen

1 Lies das Gedicht. Wer ist es?
Male ihn neben die Stelle im Text, an der du ihn erkannt hast.

Wer bin ich?

Sag, wer bin ich? Jeder liebt mich,
und auch dir bin ich bekannt.
Einen langen Rüssel hab ich,
doch ich bin kein Elefant.

Reiter tragen, Bäume schleppen,
das kann mein Beruf nicht sein.
Und auch auf den Kampf mit Löwen
lasse ich mich niemals ein.

Keinen Frosch kann ich besiegen.
Ganz gering ist mein Gewicht:
Wenn ich auf den Blüten sitze,
biegen sich die Stiele nicht.

Wenn ich durch die Lüfte fliege,
ist's, als flög ein Blatt dahin.
Aber schön sind meine Flügel.
Und nun sag mir, wer ich bin.

Josef Guggenmos

2 Schreibe die Antwort in die Zeile.

6 Ein Gedicht auswendig lernen

1 Lerne das Gedicht auswendig.
Trage es mit den passenden Handbewegungen vor.

Am Morgen steht die Sonne tief

Am Morgen steht die Sonne tief,
weil sie gerade ja noch schlief.

Zur Mittagszeit wirst du gleich sehen,
da wird sie hoch am Himmel stehen.

Abends kommt sie schließlich dann
am Himmel unten wieder an.

Nachts siehst du die Sonne nicht,
drum schlafe, bis der Tag anbricht.

Paul Maar und KNISTER

7 Die passende von zwei Antworten ankreuzen

1 Lies den Text.
Kreuze zu jeder Frage die richtige Antwort an.

Hunger auf Burg Kühnstein

Das Rittermädchen Gundi hütete Ziegen. In der Tasche ihres Leinenkleides hatte sie nur ein Stück trockenes Brot. Seit ihr Vater, Ritter Adelgund der Kühne, mit dem König in den Krieg gezogen war, ging es der Ritterfamilie von Kühn auf Kühnstein gar nicht mehr gut.

Adelgund hatte alle seine Knechte mitgenommen. Dazu Leiterwagen beladen mit Säcken voller Getreide, Tonkrüge voller Honig und Sirup, Weinschläuche, geräucherte Schinken und die vier gemästeten Schweine.

Auf Burg Kühnstein gab es nun nicht mehr viel zu essen. Doch eines Tages erfand Gundi durch Zufall das gebackene Milch-Ei-Brot.

Nortrud Boge-Erli

Was hatte Gundi in der Tasche?

○ ein Stück Kuchen
○ ein Stück Brot

Wer war Gundis Vater?

○ der König
○ Adelgund der Kühne

Wohin war Adelgund gezogen?

○ in den Krieg
○ nach Kühnstein

Was war auf dem Leiterwagen?

○ Getreide, Honig und Sirup
○ das gebackene Milch-Ei-Brot

7 Die passende von vier Antworten ankreuzen

1 Kreuze zu jeder Frage die richtige Antwort an.

Lukas und die kleinen Igel

Lukas hat mit seinem Opa eine Igelfamilie entdeckt.

„Sie sind ungefähr fünf Wochen alt“, flüstert der Großvater. „Vor einer Woche habe ich sie zum ersten Mal hier gesehen. Sie haben Schnecken gefressen und Wasser getrunken.“

„Ich weiß, was sie noch mögen: Regenwürmer, Käfer, Spinnen, Schnaken und Obst“, zählt Lukas auf. „Und sie trinken sechs Wochen lang Milch bei ihrer Mutter. Igel sind nämlich Säugetiere, hast du erzählt.“

Opa nickt. „Das hast du dir gut gemerkt. Kannst du dir vorstellen, dass sie bei ihrer Geburt nicht mehr als 20 Gramm wiegen?“, fragt er. „Das ist ungefähr so leicht wie ein kleiner Schokoriegel.“

Insa Bauer

Wie alt sind die Igelkinder?

- ○ 4 Wochen
- ○ 5 Wochen
- ○ 6 Wochen
- ○ 3 Wochen

Wann sah Opa sie zum ersten Mal?

- ○ vor 2 Wochen
- ○ vorgestern
- ○ vor 1 Woche
- ○ gestern

Was fressen die Igel?

- ○ Spinnen
- ○ Schokolade
- ○ Schnecken
- ○ Schlangen

Wie schwer sind sie bei der Geburt?

- ○ 30 Gramm
- ○ 25 Gramm
- ○ 22 Gramm
- ○ 20 Gramm

7 Das Ende von Sätzen zum Text auswählen

1 Lies den Text.
Kreuze die passenden Satzenden an.

Autoverrückt

Florian Flottbek kam aus einer wirklich verrückten Familie. Sein Uropa war verrückt nach Autos. Seine Oma war verrückt nach Autos. Sein Papa war verrückt nach Autos. Und Florian selbst war auch nicht besser.

Eines Samstags, als die vier autoverrückten Flottbeks zu einer Spazierfahrt aufbrechen wollten, sagte Florians Mutter: „Wenn ihr sowieso nur durch die Gegend kurvt, dann könnt ihr auch Tante Elke nach Hause fahren.“ Leider hasste Tante Elke Autos, Straßen und Verkehrsstaus. Beim Fahren wurde ihr sofort übel. Aber sie musste nach Hause. Und so wurde die Fahrt für alle ziemlich spannend.

Christian Tielmann

Verrückt nach Autos sind …

- ◯ ... vier Flottbeks.
- ◯ ... drei Flottbeks.

Die Mutter bat sie …

- ◯ ... durch die Gegend zu kurven.
- ◯ ... Tante Elke nach Hause zu bringen.

Die Flottbeks wollten …

- ◯ ... spazieren gehen.
- ◯ ... spazieren fahren.

Tante Elke …

- ◯ ... liebte Autos und Verkehr.
- ◯ ... konnte Autos nicht leiden.

7 Das Ende von Sätzen zum Text aufschreiben

1 Lies den Text. Ergänze die Sätze.

Im Heu

Zum ersten Mal schlafen die Reiterkinder auf dem Heuboden. Der liegt direkt über dem Pferdestall. Die Reitlehrerin bestimmt: „Jede Nacht ist eine andere Gruppe dran. Sie faltet die Lose. Dann zieht sie mit geschlossenen Augen ein Los aus dem Topf. Die Mädchen aus dem Hufeisen-Zimmer gewinnen. Das ärgert die Jungen aus dem Steigbügel-Zimmer.

Zum Hufeisen-Zimmer gehören Thea, Nelly und Anne. Die drei freuen sich riesig auf die Nacht im Heuboden. Am Abend schleppen sie ihr Bettzeug durch die Stallgasse. Der Weg zum Heuboden führt an den Boxen vorbei. Erstaunt gucken die Pferde ihnen nach. Oben breiten die Mädchen ihre Decken und Kissen auf dem Heu an einem kleinen Fenster aus.

Margot Berger

Drei Reiterkinder übernachten auf dem Heuboden.

Der Heuboden liegt über ____________________.

Die Reitlehrerin zieht aus dem Topf ____________________.

Es verlieren die Kinder aus ____________________.

Zum Heuboden schleppen die Mädchen ____________________.

Sie schlafen auf dem Heu an einem ____________________.

7 Vorgegebene Wörter in einem Text finden

1 Suche die Wörter unten im Text. Schreibe hinter jedem Wort die Zeile auf, in der du das Wort gefunden hast.

Durch die Wüste

Herr Kramer hat in diesem Jahr eine Reise durch die Wüste gemacht. Er erzählt: „Jeder von uns durfte nur einen Rucksack mitnehmen. Als wir in der Wüste ankamen, bekam jeder sein eigenes Kamel. Da es sehr heiß war, hatten wir alle Tücher um den Kopf. So bekam man keinen Sonnenstich.

Wir haben eine Wüste aus Sand mit riesigen Dünen durchquert. Dabei sind wir über weite Berge und Ebenen geritten. Immer wieder ragten weiße Felsen aus dem Sand empor. An Wasserstellen hatten sich Oasen mit Palmen gebildet.

Mittags wurde eine lange Pause im Schatten gemacht. Am Abend wurde Feuer angezündet und das Essen gekocht. Geschlafen haben wir unter freiem Himmel.“

Reise	Zeile	1
Kamel	Zeile	
Sand	Zeile	
Felsen	Zeile	
Palmen	Zeile	
Himmel	Zeile	

7 Signalwörter in Sätzen finden

1 Lies die Sätze.
Unterstreiche in jedem Rahmen den Namen der Blume
und in welchen Farben sie blüht.

Die Sonnenblume ist dieses Jahr riesengroß.
Schon von Weitem kann man ihren
gelben Blütenkopf strahlen sehen.

Eine meiner Lieblingsblumen ist
die orange blühende Ringelblume.
Wir haben sie selbst gesät.

Wunderschöne rote Blütenblätter hat der Klatschmohn.
In einer Blumenvase fühlt er sich nicht wohl.
Hier verliert er sehr schnell seine Blütenblätter.

Die Rosen in meinem
Garten blühen weiß.

Eine hübsche Rankpflanze ist die Wicke.
Es gibt sie in verschiedenen Farben.
Manche blühen weiß oder rot, andere sind blau.

7 Signalwörter in Absätzen finden

1 Unterstreiche in jedem Text den Namen des Tieres und das Adjektiv, das zu dem Tier gehört und davorsteht.

Was man den Tieren alles nachsagt

Die Haustiere mit dem weichen Fell
scheint man für nicht besonders intelligent zu halten.
Wenn jemand zu mir sagt: „Du dummes Schaf!“,
dann ist das weder für mich noch für das Tier nett.

Seit vielen tausend Jahren haben bestimmte Vögel
einen ganz besonderen Ruf.
Schon bei alten Griechen stand die Eule für Weisheit.
Deshalb spricht man auch heute noch von der weisen Eule.

Einen nicht besonders guten Ruf hat ein anderer Vogel.
Wenn jemand im Sport nicht gerade der Schnellste ist,
wird er gerne als lahme Ente bezeichnet.

Dann gibt es noch einen Vogel,
dem man etwas richtig Schlechtes nachsagt.
Man spricht von der diebischen Elster,
weil sie ein Nesträuber ist.

Heft 4, Seite 54
Wie Tiere sind:
der schlaue Fuchs,
die giftige …,
der große …

7 Signalwörter in einem Text finden

1 Lies das Rezept.
Unterstreiche alles, was in den Teig kommt.
Es sind zehn Zutaten.

Apfelkuchen

Zuerst schlägst du die weiche Butter mit Zucker und Salz schaumig. Dann rührst du die Eier darunter. Jetzt kommt das mit Backpulver gemischte Mehl dazu. Gieße Apfelsaft dazu, bis der Teig sich gut rühren lässt. Rühre weiter und gib den Zimt dazu. Die Rosinen wäschst du zuerst mit heißem Wasser, bevor du sie auf einem Küchenpapier abtropfen lässt. Rühre sie unter den Teig. Inzwischen kannst du die Äpfel schälen, in kleine Stücke schneiden und in den Teig geben. Fülle den Teig in eine eingefettete Backform und backe den Kuchen eine Stunde. Jetzt lässt du ihn abkühlen.

8 Ein Buch wird vorgestellt

Wenn du ein **Buch** vorstellst, musst du den Titel, den Autor und den Verlag nennen.

Der **Titel** sagt dir, wie das Buch heißt.
Der **Autor** hat das Buch geschrieben.
Der **Verlag** hat das Buch hergestellt.

1. Schau dir den Buchdeckel an.
Schreibe den Buchtitel, den Autor oder die Autorin und den Namen des Verlags in die Zeilen.

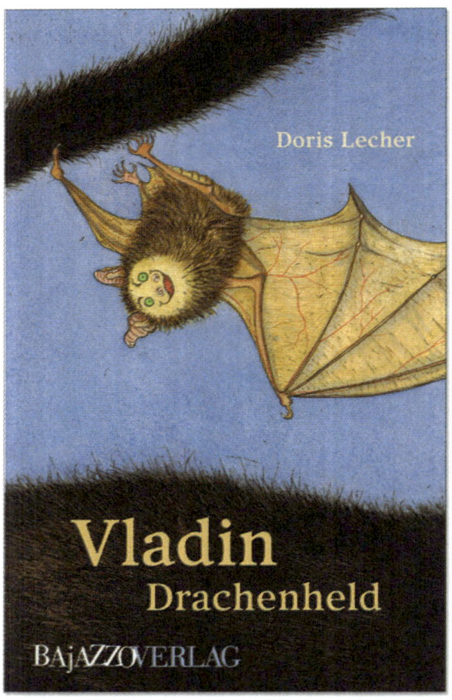

Titel:

Autor:

Verlag:

8 Lieblingsbücher vorstellen

1 Nimm ein Blatt Papier und falte es in der Mitte.
Schreibe Lieblingsbuch von … auf die Außenseite.
Beschreibe im Innenteil dein Lieblingsbuch
und male Bilder dazu.

Buchvorstellung

Titel:

Nick muss keine

Angst mehr haben

Autor:

Achim Bröger

Hauptpersonen:

Nick und seine Schwester Nele

Das passiert in meinem Buch:

Immer wenn Nick und Nele Angst haben,

wissen sie sich zu helfen.

Diese Stelle hat mir am besten gefallen:

Nele hat ihre Mama im Kaufhaus verloren.

Als sie sich wieder gefunden haben,

gehen sie zusammen ein Eis essen.

8 Den Autor Stefan Gemmel kennen lernen

1 Lies, was Stefan Gemmel antwortet.
Schreibe zu jedem Absatz die passende Frage.

Was ist Ihr Spitzname und Ihr Lieblingsessen?	Können Kinder bei Ihnen schreiben lernen?	
	Warum schreiben Sie Kinderbücher?	Lesen Sie auch Kindern vor?

Stefan Gemmel,
Autor vieler Kinderbücher

Warum

Ich mag Kinder sehr gerne und habe ständig den Kopf voller Geschichten.

Ja, aber ich sitze nicht nur da und lese, sondern stehe vor meinen Zuhörern, fuchtele mit den Armen und krächze wie ein Rabe oder piepse wie eine Maus.

Oft arbeite ich auch mit Kindern, die Geschichten schreiben möchten. Dabei verrate ich ihnen meine Schreibtricks.

Mein Spitzname ist Blubb, weil ich der beste Schwimmer meiner Schule war.
Meine Lieblingsessen sind Pizza, Salate und Schokolade.

8 Ein Buch von Stefan Gemmel kennen lernen

1 Lies den Text genau.
Vervollständige die Schatzkarte.

Winnewuff und Old Miezecat

Ein Hund, ein Kater und eine Maus erleben Abenteuer wie im Wilden Westen. Alles begann mit einer geheimnisvollen Schatzkarte.

Nachdem der Hund Winnewuff und der Kater Old Miezecat die Schatzkarte gemeinsam genauer angeschaut hatten, kamen beide zu dem Schluss, dass die Karte echt sein müsse. Es waren Ohrringe und glitzernde Goldketten darauf abgebildet und in der einen Ecke prangte sogar ein richtiger Stempel! Es bestand also kein Zweifel: Die Karte war echt! Sie war zwar schon alt, doch die eingezeichneten Straßen waren noch gut zu erkennen: Der Schatz war in dieser Stadt versteckt, genauer: im Glitzerweg 22, gleich hinter dem Industriegebiet. „Der Schatz im Glitzerweg", schwärmte Old Mietzecat. Winnewuff unterstrich diesen Gedanken mit einem lauten „Hugh!"

Stefan Gemmel

8 Beliebte Bücher

1 Finde zu jeder Buchbeschreibung die passende Fortsetzung.
Trage die richtigen Zahlen ein.

1 **Hexe Lilli zaubert Hausaufgaben**

Eines Tages findet Hexe Lilli ein Hexenbuch neben ihrem Bett. Warum soll sie nicht ihre Hausaufgaben fertigzaubern? Doch gerade jetzt muss sie auf ihren kleinen Bruder Leon aufpassen.

KNISTER

2 **Pferdegeschichten vom Franz**

Bis jetzt hat sich Franz überhaupt nicht für Pferde interessiert. Seit seine Freundin Gabi nur noch von Pferden spricht, ist Franz ein richtiger Pferde-Fachmann. Und reiten kann er auch – sagt er.

Christine Nöstlinger

3 **Die Olchis und der faule König**

Zum allerersten Mal bekommen die Olchis Besuch von einem König, von einem richtigen König! Die ganze Olchi-Familie ist nun schwer beschäftigt, alle königlichen Wünsche zu erfüllen.

Erhard Dietl

☐ Den ganzen lieben Tag hat er einen Sonderwunsch nach dem anderen. So unmöglich darf sich auch ein König nicht benehmen.

☐ Natürlich hat sie keine Lust. Aber er schreit, bis sie ihm etwas aus dem Hexenbuch vorliest. Plötzlich hat Leon Hasenohren.

☐ Der ganze Schwindel droht aufzufliegen, als Gabi für die beiden die erste Reitstunde plant. Was soll Franz tun?

8 Spannende Bücher

1 Unterstreiche in jedem Absatz die spannendste Stelle.

Olivers blaue Badetasche ist verschwunden.
Das ist ein Fall für Nick Nase.
Am Strand geht er jeder Spur nach.
Plötzlich springt Schnuffel, sein Hund, ins Wasser.
Schnell schwimmt Nick Nase hinterher.
Da ist etwas Blaues. Er schnappt danach.
Aber es ist nicht die Tasche.

M. W. Sharmat

In dieser Nacht schlief Felline schlecht.
Sie träumte einen seltsamen Traum.
Ihr Körper wurde dicker und dicker,
die Pfoten größer … was für Krallen!
Und was geschah mit ihrem Fell?
Felline hatte sich in einen Gruselhund verwandelt.
Riesig, mit spitzen Zähnen.

Martin Baltscheit

Immer wieder hörte der Professor das Ei ab.
Endlich – nach vielen Tagen – vernahm er etwas.
Das Ei fing an zu wackeln.
Es schwankte. Es zitterte und bebte.
Die Spannung wurde fast unerträglich.
Plötzlich bekam das Ei einen Riss.
Ein Stück Schale sprang ab.
Ein kleiner Kopf kam hervor.

Max Kruse

8 Die Bücherei stellt sich vor

1 Lies, wie Frau Lehmann die Bücherei vorstellt.
Setze die Wörter passend ein.

Krimis	Eltern	spielen	~~ausleihen~~	hören	Fußboden

„Bei uns gibt es etwa 2000 Bücher für Kinder und Jugendliche. Du kannst sie umsonst für vier Wochen ________. Dazu brauchst du einen Büchereiausweis.

Es gibt Regale für Bilderbücher, Erzählungen und Sachbücher. In den Regalen sind die Bücher geordnet. Bei Erzählungen findest du Bücher über Abenteuer, Bücher über Freundschaft, spannende Comics oder auch ________.

Bücher über Tiere, Fahrzeuge oder Sport stehen bei den Sachbüchern. Bilderbücher sind in großen Kästen auf dem ________.

In unserer Bücherei findest du eine große Auswahl Kassetten, CDs und DVDs, Videos und Zeitschriften. Es werden auch viele Spiele angeboten. Du kannst sie mit nach Hause nehmen oder direkt bei uns ________.

Alle zwei Wochen wird dienstags in der Kinderbücherei vorgelesen. Hier können Kinder ab fünf Jahren lustige, spannende oder abenteuerliche Geschichten ________.

Kinder ab sechs Jahren können täglich eine halbe Stunde kostenlos im Internet surfen. Sie brauchen dazu ihren Büchereiausweis und das Einverständnis ihrer ________."

8 In der Bücherei

1 Verbinde die Bücher und CDs mit den passenden Regalen.

9 Mit verteilten Rollen lesen

1 Lies das Gespräch zuerst leise.
Lies dann mit einem Partnerkind mit verteilten Rollen.

Jan und Katrin im Kinderzimmer

Gib mir sofort das Heft zurück!

Warum sollte ich?

Weil ich für morgen noch was lernen muss. Und weil es meins ist.

Ist es nicht.

Ist es doch.

Lügner! Ich hab mitgezahlt. Einen Euro hab ich draufgelegt.

Es hat aber fünf gekostet.

Da kriegst du nur ein paar Seiten dafür.

Dann gib mir meinen Teil!

Na bravo, jetzt hast du das Heft zerrissen!

Selber Schuld! hättest du es nicht so festgehalten!

Weißt du, was du bist? Ein … gemeiner Knochenhecht bist du!

Und du bist ein Segelflossen-Doktorfisch!

Und du ein gestreifter Felsenhüpfer!

Und du ein Schwarzpunkt-Kugelfisch!

Du Maulbrüter!

Du verzierter Kaninchenfisch.

Du Brokkoli-Koralle!

Du siamesische Rüsselbarbe!

Die Mutter steckt den Kopf durch die Tür. Sie möchte, dass die beiden keine Schimpfwörter mehr verwenden. Dabei gibt es diese Meerestiere wirklich!

Gerda Anger-Schmidt

9 Das Ende einer Geschichte erfinden

1 Lies die Geschichte.
Was macht der Geist mit der Schokolade?
Schreibe das Ende der Geschichte auf.

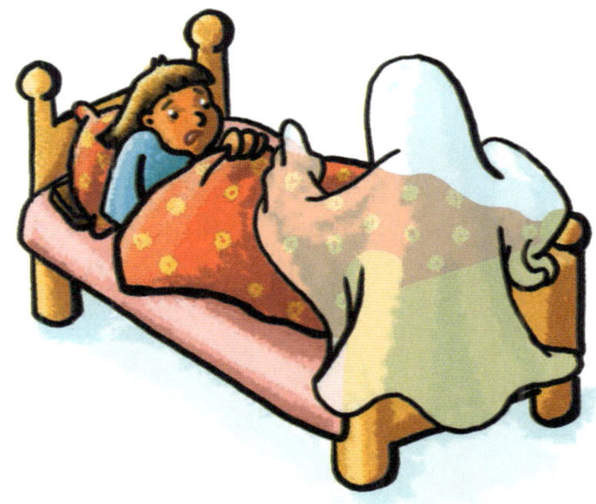

Ich hol dein Liebstes!

Valerie bekam seit zwei Abenden Besuch von einem Gespenst, das ihr androhte, am dritten Abend ihr Liebstes zu holen.

„Heute ist es so weit!“ Valerie machte ganz ängstliche Augen. „Du hast dein Liebstes unter deinem Kopfkissen versteckt!“ „Wwwwoher wwweißt du das?“, bibberte Valerie und kroch noch tiefer in ihre Kissen. „Das weiß jeder aus der Familie“, antwortete der Geist. Er streckte die Geisterhand aus. „Her mit deinem Liebsten!“ „Willst du es wirklich haben?“, piepste Valerie. „Ja“, sagte der Geist. „Und keine Tricks. Mich kannst du nicht reinlegen.“ Zögernd griff Valerie unters Kopfkissen und reichte ihm die Tafel Schokolade, die sie dort versteckt hatte.

Marlies Arnold

9 Eine Lieblingsfigur auswählen

1 Lies die Beschreibungen. Schreibe auf, welcher Pirat du gerne wärst. Begründe deine Wahl.

Piraten-Lizzy weiß genau, was sie will.
Sie ist ehrgeizig und stark.
Sie wird von vielen Piraten gefürchtet,
weil sie die beste Säbelkämpferin ist.

Piraten-Kalle wird auch „der Kluge der Meere" genannt.
Er ist intelligent und liest viel.
Deshalb hat er schon viele Schätze gefunden.
Nur er kann die Schatzkarten entschlüsseln.

Piraten-Elli ist die schönste Anführerin aller Meere.
Sie ist freundlich und gütig.
Auf der ganzen Welt kennt sie sich aus.
Ihre Piraten verehren sie und gehorchen ihr aufs Wort.

Piraten-Billi ist bekannt für seine Kraft und Stärke.
Er ist ein Bär von einem Mann.
Viele bekommen schon Angst, wenn sie ihn nur sehen.
Wenn er brüllt, erstarren alle Lebewesen.

Ich wäre gerne:

Piraten-

Begründung:

9 Einer Buchfigur passende Gefühle zuordnen

1 Überlege, wie sich Bertram in der Situation mit Kasimir fühlt.
Male für jeden Absatz den Rahmen mit dem passenden Gefühl aus.

Bertram und Kasimir

Bertram ist eine kleine Maus.
Er möchte seine Verwandten auf dem Speicher besuchen.
Dies ist gefährlich, denn es gibt Kasimir, die Hauskatze.
Gerade wird Bertram von Kasimir erwischt …

| neugierig | | traurig | | mutig |

Als Bertram sah, wie sich die Pfote auf ihn herabsenkte,
nahm er all seinen Mut zusammen. Laut und entschlossen sagte er:
„Warte Kasimir! Ich werde dir eine Geschichte erzählen."

| fröhlich | | hoffnungsvoll | | hungrig |

Kasimir, zunächst überrascht, dann amüsiert, sagte:
„Wie du willst, Mäuschen, ich habe Zeit. Aber sprich laut,
denn sobald ich dich nicht mehr höre, werde ich dich fressen."
Da begann Bertram, der wieder Hoffnung schöpfte,
die Geschichte vom grünen Drachen zu erzählen.
Er vergaß nichts, konnte sich an jede Einzelheit erinnern.

| wütend | | erleichtert | | lustig |

Während er sprach, spürte er nach und nach,
wie der Druck von Kasimirs Pfote auf seinen Schwanz nachließ.

Anne Jonas

9 Die Gefühle einer Buchfigur beschreiben

1 Lies die Geschichte.
Schreibe kurze Antworten zu den Fragen.

Paul will auch eine Bande

Paul will endlich auch eine Bande haben. Zwei Monate wohnt Paul schon in Dettendorf. Und er hat immer noch keine Bande. Zwei Monate sind ziemlich lang, findet Paul. Mit einem Lastwagen sind sie von Neustadt nach Dettendorf gezogen. Eigentlich sind aber mit dem Lastwagen nur die Sachen umgezogen. Papa und Mama, Paul und Josefine und Kasper und Violetta sind mit dem Auto hinterhergefahren. Josefine ist Pauls kleine Schwester. Kasper heißt der Hund, und Violetta ist die Schildkröte.

Wie gesagt: Seit zwei Monaten wohnt Paul schon in Dettendorf, und er hat noch keine Bande. Dabei wimmelt es hier nur so von Banden. Max hat eine, und der starke Jo hat auch eine.

Dagmar Geisler

Paul wohnt in Dettendorf.
Wo wohnte er vorher? ______________________

Was möchte Paul
gerne haben? ______________________

Wie lange wünscht er sich
nun schon eine Bande? ______________________

Wie fühlt sich Paul
im Moment? ______________________

9 Einen Redesatz für eine Buchfigur erfinden

1 Lies den Text. Wie findet Muffel die Idee mit dem Preisausschreiben? Trage in die Sprechblase ein, was er zu seiner Mutter sagt.

Der Lesemuffel

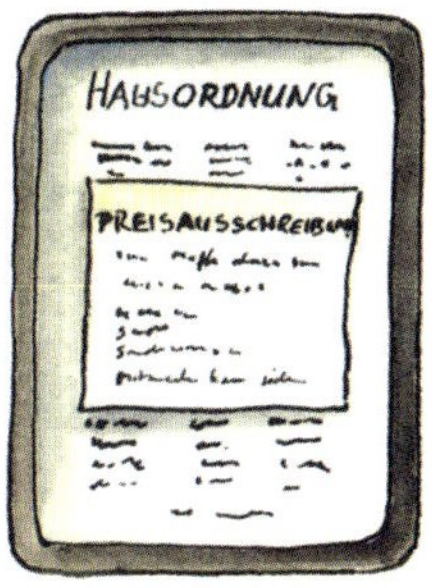

Alle finden, dass Muffel besser lesen lernen sollte. Vor allem seine Mutter. Bis jetzt hat noch nichts geholfen.

Also muss sich die Mama etwas anderes einfallen lassen. Und weil ihr selbst nichts einfällt, setzt sie einen Preis aus. Sie hängt einen großen Zettel ins Treppenhaus. „Preisausschreiben", schreibt sie mit großen Buchstaben darauf. „Wer Muffel Maus dazu bringt, ein Buch zu lesen, gewinnt ein Mittagessen bei Familie Maus! Suppe, Hauptspeise, Nachspeise. Sonderwünsche möglich! Mitmachen kann jeder!" Der Erste, der den Zettel liest, ist Muffel. Weil es doch schließlich um ihn geht.

Saskia Hula

9 Handlungsmöglichkeiten auswählen

1 Lies genau, was Alexander heute mit Moritz machen möchte. Unterstreiche diese Sätze.

Die Mutprobe

Moritz und Alexander sind Freunde. Sie fahren Inliner. Heute will Alexander auf einmal, dass sie es endlich tun, und Moritz kann ihn nicht davon abbringen. „Du bist ja bloß feig, du hast ja überhaupt keinen Mut!“, ruft Alexander. Und zwar soll Moritz mit ihm die steile Burgstraße runtersausen. Bremsen soll nicht erlaubt sein. Erst ganz unten gibt es – zack! – eine Vollbremsung.

Moritz sagt: „Ich bin überhaupt nicht feig!“ „Was bist du dann?“, höhnt Alexander. „Immer bestimmst du, was wir tun!“, giftet Moritz. „Ja, weil ich Mut hab!“ Alexander stößt sich vom Zaun ab. Er fährt kunstvoll rückwärts. „Ich hab auch Mut!!“, ruft Moritz. „Hast du nicht. Du bist feig, feig, feig …“

Irma Krauß

Heft 4, Seite 70
Wenn ich Moritz wäre,
würde ich …

9 Handlungsmöglichkeiten entwerfen

1 Lies die Geschichte. Stell dir vor, du bist Lisa.
Schreibe auf, was du tun könntest, um die Freundschaft zu retten.

Mona Lisa

Mona und Lisa sind Freundinnen. Sie machen alles gemeinsam.

Doch heute geschieht etwas Merkwürdiges.
Lisa schlägt auf dem Heimweg von der Schule vor:
„Wir können die Hausaufgaben bei uns machen
und danach mit den Fahrrädern zu meiner Oma fahren.
Sie backt wieder ihren leckeren Apfelkuchen."
Aber Mona schüttelt den Kopf und sieht Lisa traurig an.
„Fahr du allein. Ich mag nicht."
Monas Antwort haut Lisa beinahe von den Socken.
„Aber Mona, was ist denn los? Mona?"
Doch Mona geht mit eiligen Schritten davon.
Lisa versteht die Welt nicht mehr.
Am nächsten Tag spricht Mona kaum ein Wort mit Lisa.
Und nicht am übernächsten. Sie zieht sich immer mehr zurück.

Gerit Kopietz

Einsterns Schwester 2

Arbeitsheft 4

Lesen

Herausgegeben von: Roland Bauer, Jutta Maurach

Erarbeitet von: Susanne Semelka

Redaktion: Elisabeth Wagner

Illustration: Yo Rühmer

Umschlaggestaltung: Sandra Knopke

Layout und technische Umsetzung: Katrin Tengler

www.cornelsen.de

1. Auflage, 9. Druck 2013

ISBN 978-3-06-082238-6

Dieses Heft ist Bestandteil der Lernbox „Einsterns Schwester 2" (ISBN 978-3-06-082222-5) und kann auch einzeln bestellt werden.

Inhalt gedruckt auf säurefreiem Papier aus nachhaltiger Forstwirtschaft.